1152.

DES
GARANTIES

QUE L'ON DOIT CHERCHER

DANS LE CHOIX DES DÉPUTÉS,

PAR UN ÉLECTEUR DU DÉPARTEMENT DE LA MOSELLE.

METZ,

CHEZ ANTOINE, IMPRIMEUR DU ROI.

1818.

DES

GARANTIES

QUE L'ON DOIT CHERCHER

DANS LE CHOIX DES DÉPUTÉS.

J'ENTENDS parler des garanties que les Électeurs doivent chercher dans les choix qu'ils vont faire ; ce mot de garantie est plein de vérité et de sens, si on lui conserve l'acception sous laquelle il convient de l'entendre ; il deviendrait une source d'erreurs, si on lui donnait une application fausse.

On peut trouver dans l'élection des garanties bonnes et raisonnables ; on peut en rechercher d'illusoires ; on peut en demander qui soient injustes.

Je vais traiter d'abord des deux dernières ; nous verrons ensuite quelles sont les garanties raisonnables que nous pouvons souhaiter.

La première garantie que plusieurs personnes desirent trouver dans les élections, est celle de la stabilité des ventes des domaines nationaux, et elles prétendent qu'on ne peut l'obtenir qu'en nommant, pour députés, des acquéreurs de ces domaines. Je prouverai sans peine que cette nécessité est illusoire.

Il serait étrange, en vérité, de remettre encore en doute ce qui est si bien décidé par une législation de vingt-six années, et ce que la Charte a confirmé invariablement de la manière la plus forte. Les réflexions les plus simples devraient, ce me semble, faire disparaître ces chatouilleuses inquiétudes. En effet, l'État ayant vendu sous la garantie d'une loi, n'est pas moins obligé qu'un simple citoyen à maintenir cette garantie. L'acquéreur a acheté de bonne foi ; il est donc propriétaire incommutable par l'effet d'un titre authentique, qu'on ne pourrait méconnaître, sans bouleverser les conditions de la propriété. Mais, dit-on, une loi peut défaire ce que des lois antérieures ont fait. Ici le pouvoir de la loi perd son empire : les ventes de domaines nationaux ont reçu une sanction qui est au-dessus de toute puissance humaine, la sanction du tems. Je le demande à tout homme de bonne foi, serait-il possible de dépouiller l'orphelin qui a hérité, l'acquéreur qui a racheté, le créancier qui possède par suite d'expropriation ? Les ventes, les partages, les successions ont divisé les domaines nationaux en une foule de personnes qui ont été étrangères aux premières acquisitions, et qui jouissent en vertu du droit public reconnu de toutes les nations. On peut regretter, sans doute, que la voie des confiscations ait été ouverte, et on doit bénir l'auteur de la Charte (1), qui a aboli une peine qui faisait supporter aux enfans innocens le poids des fautes de leurs pères; mais il n'en est pas moins vrai que la majorité de la nation est intéressée au maintien de la division actuelle des anciennes propriétés nationales, et nulle puissance, si elle ne veut sa destruction, n'essayera jamais d'attaquer ce qui touche à l'intérêt du plus grand nombre. Les mêmes raisons écartent sans retour, toute idée de taxe particulière à faire peser sur les domaines nationaux vendus. Ces domaines ne font plus classe à part, ils sont dans la catégorie des autres propriétés; chaque jour ils se confondent avec elles, et ils donnent les mêmes droits politiques à ceux qui les possèdent. Ainsi l'acquéreur de domaines nationaux qui aime la Charte, qui est attaché au Roi et à la légitimité, et qui a des lumières, est digne, sans contredit, de nos suffrages; mais ce n'est pas à titre d'acquéreur, c'est parce qu'il montre les qualités d'un bon citoyen.

Je vais parler d'une autre garantie que certains

---

(1) La peine de la confiscation des biens est abolie, et ne pourra pas être rétablie. (Article 66 de la Charte.)

écrivains ont mise en avant, et qu'on est étonné d'entendre réclamer dans le département de la Moselle, qui a tant d'obligations aux bontés du Roi et à la sagesse de son gouvernement. Il faut, dit-on, se prémunir contre l'influence ministérielle, et n'envoyer que des députés opposés au ministère, et comme tous les fonctionnaires publics dépendent du ministère et en espèrent de l'avancement, nous devons bien nous garder de leur donner nos suffrages. C'est ainsi que le Correspondant électoral a prononcé des exclusions qu'il a étendues jusqu'aux maires des grandes villes qui, exerçant sans rétribution, sont, sans contredit, les plus indépendans des fonctionnaires, et enfin jusqu'aux maréchaux de France. Il n'a pas craint d'attaquer ainsi l'armée dans sa plus éminente dignité. Ne semblerait-il pas que les rédacteurs veulent faire la porte si étroite pour entrer à la Chambre des Députés, qu'il n'y ait bientôt plus qu'eux et les leurs qui puissent y pénétrer.

Ces sophismes ne seront pas difficiles à détruire.

En quoi consiste notre intérêt bien entendu? Il se trouve dans l'affermissement de l'ordre, dans la stabilité de nos institutions, dans l'invariable fixité de la succession au trône, dans tout ce qui peut enfin prévenir de nouvelles révolutions: nous sommes tous d'accord sur ce point. Quel est le devoir d'un bon et loyal député? C'est d'éclairer le gouvernement par des discussions sages, de le seconder dans les projets bons et utiles qu'il propose, et de ne voter que suivant sa conscience et jamais sous l'influence d'un parti.

Le Député qui s'écarte de cette route, compromet certainement nos intérêts, et si la majorité de la Chambre agissait comme lui, le gouvernement, en butte à une opposition insurmontable, n'aurait plus la force nécessaire pour faire respecter et exécuter les lois. Le mépris de l'autorité amènerait bientôt l'anarchie et la confusion, et comme une grande nation ne peut exister longtems dans un pareil cahos, de nouvelles révolutions surviendraient. Tel serait le résultat inévitable des théories que les prétendus amis de la liberté, cherchent à nous faire adopter. Le même systême, la même tactique, ont été employés dans les premières années de la révolution, et nous n'avons pas oublié ce qu'ils ont produit. En 1792 comme en 1818, on cherchait à ôter au pouvoir royal sa force, et dans ce tems, comme aujourd'hui, on vouait à l'animadversion publique les Ministres et les Fonctionnaires, dépositaires de l'autorité. Chaque jour la prérogative du Roi était attaquée. Les factieux obtinrent alors un déplorable succès; ils avaient été tout puissans pour détruire, mais ils se trouvèrent sans force quand ils voulurent modérer l'effet des fausses doctrines qu'ils avaient créées. Le trône fut renversé, le Roi immolé, et les meilleurs amis de la liberté égorgés au nom de cette même liberté, par les plus ignobles des tyrans. Ces tems malheureux ont été suivis de vingt - cinq ans de guerre, de l'usurpation et de l'invasion ! On concevrait cependant que le peuple cherchât des garanties contre le pouvoir ministériel, si ce pouvoir avait mérité les défiances qu'on s'efforce d'inspirer contre lui. Voyons ce qu'il a fait. On se plaignait d'une réaction ; l'ordonnance du 5 septembre a paru. L'ancien mode d'élection ne semblait pas assez populaire ; les Ministres ont proposé la loi d'élection. On desirait que les grades de l'armée fussent la récompense d'un mérite militaire éprouvé, et que la carrière de l'avancement fût ouverte au simple soldat, et la loi du recrutement a été rendue. Si nous passons des actes publics à la marche habituelle suivie par le gouvernement, nous verrons cette marche aussi stable que ferme, consolider tous les intérêts, calmer toutes les inquiétudes. Le règne de la loi a remplacé graduellement celui de la force. Les lois d'exception ont cessé d'exister ; la Charte a reçu son développement, et la France satisfaite, jouit de cette sage liberté, réglée par les lois, qu'elle a cherchée vainement pendant tant d'années, qu'elle n'avait pu obtenir au prix de tant de sacrifices, et qu'elle doit enfin à la sagesse de son Roi. Grâces aux efforts du gouvernement du Roi, les étrangers rassurés se disposent à retirer leurs troupes, et la patrie va recouvrer son indépendance. C'est un singulier projet, il faut en convenir, que de choisir l'époque d'un pareil service pour établir contre le gouvernement une aveugle opposition. Mais les Ministres peuvent être entraînés par le prestige de la puissance, et chercher à étendre leur autorité au-delà des limites de la Charte. Cette crainte est chimérique ; le Roi dirige son gouvernement ; il lui donne l'impulsion qu'on lui voit suivre, et on n'a pas à redouter que l'auguste auteur de la Charte permette à ceux qu'il honore de sa confiance, de s'écarter de la loi fondamentale de l'Etat. D'ailleurs peut-on croire que si les Ministres voulaient abuser de leur puissance, le bon et loyal Député qui est pénétré de l'étendue de ses devoirs, ne sût pas refuser son assentiment et opposer une courageuse résistance ?

La garantie qu'on chercherait dans les élections contre le pouvoir ministériel, est donc aussi absurde qu'injuste. Ce point une fois démontré, tous les argumens qu'on employe pour prouver qu'il faut écarter les fonctionnaires, tombent d'eux-mêmes.

Dieu merci, l'esprit national n'est pas assez affaibli pour qu'une place obtenue du gouvernement, engage celui qui la possède à abjurer sa conscience et à faire, aux caprices de l'autorité, le sacrifice des lumières de sa raison. Le supposer, c'est insulter le peuple français, et c'est aussi manquer au Roi que de faire entendre qu'il ne choisit pour les dépositaires de sa confiance que des gens sans honneur. Mais il faudrait savoir si ceux qui insistent si fortement pour éloigner de l'élection les fonctionnaires, ne sont eux-mêmes animés que d'un pur zèle du bien public : on pourrait en douter, lorsqu'en ouvrant le n.º 3o de la Minerve, on y trouve une attaque violente dirigée contre une circulaire où le premier Magistrat du Département a cherché à exciter la reconnaissance qu'on doit au Roi, en faisant l'énumération des nombreux bienfaits de Sa Majesté. Si nous parcourons ensuite le premier numéro du Correspondant électoral , nous y verrons qu'on invite les Electeurs de la Moselle à refuser leurs suffrages aux deux citoyens qui ont donné le plus de garanties de leur attachement à nos institutions. L'un est M. de Wendel, dont l'industrieuse activité attire chaque année de nombreux capitaux dans le Département,

et à qui on doit l'introduction des procédés écono-
miques des Anglais pour la fonte du fer. Membre
courageux de la Chambre de 1815, il s'y est montré
un des plus fermes soutiens des idées modérées et des
principes de la Charte, et il a rendu, pendant l'invasion, d'importans services au pays. L'autre,
M. Voysin de Gartempe, qui exerce depuis douze
ans, avec honneur, la place de chef de la Magis-
trature dans le Département, a constamment appuyé,
dans ses fonctions législatives, les lois populaires qui
ont été adoptées, et ses sollicitations ont contribué à
obtenir du Gouvernement les différentes sommes qui
nous ont été accordées. A la place de ces hommes
éprouvés, les correspondans du parti ultra-libéral
ont fait circuler des listes de candidats où, dans leur
naïve confiance en notre crédulité, ils n'ont pas craint
de nous proposer des personnes qui n'ont aucun rapport avec ce Département, et qui en ignorent les
besoins, comme si nous ne pouvions nous dispenser
de sacrifier nos intérêts à ceux de ce parti (1).

---

(1) Le quatrième numéro de la Correspondance électorale, re-
nouvelle ses diatribes contre MM. de Wendel et Voysin. Ce
qu'il allègue contre eux est tellement faible, obscur et entortillé,

J'en suis fâché pour les ultra-libéraux ; mais en vérité, je ne peux reconnaître le véritable amour de la patrie dans les efforts employés pour écarter les meilleurs citoyens, et leur substituer des hommes qui appartiennent à une coterie.

---

qu'on y voit l'embarras de gens qui manquent de moyens pour arriver au but qu'ils veulent atteindre. Cette fois, MM. de Wendel et Voysin ne sont pas les seuls exclus. Le même anathême est prononcé contre M. d'Hausen, Député sortant, et qui ne s'est jamais écarté de la ligne constitutionnelle, et contre les autres prétendans que leur caractère de modération et leur amour pour la Charte recommandent à l'attention des Electeurs. Le Correspondant ne nous permet de donner nos voix qu'à ceux qu'il désigne : ce sont MM. Etienne, de la Minerve, le général Grenier et M. le conseiller Rolland. Il se réserve de nous annoncer plus tard le dernier choix auquel le parti se sera fixé à Paris, et sans doute nous serons assez obéissans pour mettre docilement ce quatrième nom sur nos bulletins.

Il est assez plaisant de voir le Correspondant, après avoir prononcé, dans ses trois premiers numéros, l'exclusion de tous les fonctionnaires publics de la place de Député, réclamer dans le quatrième une exception en faveur de M. Rolland.

Ce Correspondant traite, dans son quatrième numéro des Elections de trois Départemens. Il n'appelle presqu'exclusivement les suffrages des Electeurs, que sur des représentans de la Chambre des cent jours. Croit—il montrer ainsi de l'impartialité et de l'attachement à la Charte et à la légitimité ?

Enfin, on réclame une dernière garantie qui me parait aussi très-injuste dans l'acception générale qu'on lui donne.

Si quelques personnes rêvent encore le retour des privilèges, on en conclut qu'il faut écarter de la députation les anciens privilégiés, tous ceux qui font partie de la noblesse : on va jusqu'à en exclure les hommes dont le nom commence par un *de*, tant ce terrible *de* parait suspect.

Je pourrais relever ce qu'il y a d'injuste à accuser ainsi en masse une classe entière de citoyens; mais je ne veux traiter ici la question que sous le rapport des convenances sociales.

Les nobles qui regrettent les privilèges de leur caste et qui en désirent le retour, ne doivent pas, sans doute, obtenir nos suffrages ! Mais celui qui, surmontant les préjugés de son enfance, est devenu le partisan et le défenseur des libertés publiques; qui, fidèle à son Roi et à sa patrie, a adopté avec ardeur les principes consacrés dans la Charte, et qui a soutenu, par son exemple, le système de modération suivi par le Gouvernement, n'est-il pas digne d'estime ? Un pareil homme aura fait à la liberté le sacrifice de ses souvenirs; sa conduite aura prouvé sa raison, son désintéressement et son amour pour la patrie; et s'il est député, il saura maintenir les droits que la Charte nous assure.

Cessons donc de généraliser et d'imputer aux diver-
ses classes de citoyens, les torts de quelques individus.
Accueillons le mérite, quelque part qu'il se trouve;
écartons l'exagération, l'intrigue et la mauvaise foi,
sous quelques bannières qu'elles se montrent.

J'ai fait voir que plusieurs garanties réclamées,
étaient injustes ou illusoires. Il me reste à parler des
garanties justes et raisonnables, que nous devons
trouver dans nos choix.

Ici le bon sens des Electeurs répond avec moi:
Nous voulons des hommes qui ne citent pas à tout
propos la Charte, pour l'interpréter à leur manière, mais qui l'aiment véritablement, et qui
aient prouvé qu'ils unissent l'amour de la liberté à
un attachement invariable pour le Roi et la légitimité.
Nous voulons des hommes éclairés, probes, modé-
rés, qui ne soient esclaves d'aucun parti, et qui ne
suivent jamais que les lumières de leur conscience.
L'expérience des suites de la révolution du 20 mars,
nous a rendus réservés. Nous n'accorderons pas nos
voix à des partisans d'une république imaginaire,
ou à des hommes qui nous font craindre qu'ils ne
veuillent un jour séparer la Charte du Roi. Leurs
intérêts et leurs systèmes nous ameneraient de nouveaux déchiremens, et nous deviendrions encore
l'objet des inquiétudes de l'Europe. Sans doute nous
ne craindrions pas une guerre entreprise pour dé-

fendre une cause juste, et nous saurions en braver les dangers; mais nous ne serons pas assez insensés pour provoquer les peuples à s'armer encore pour le maintien de l'ordre social. D'ailleurs quel est l'homme qui puisse prévoir l'issue d'une révolution ? Qui sait si de nouveaux changemens ne finiraient pas par amener la destruction de nos libertés, et par compromettre les intérêts qui se trouvent si invariablement affermis par la sagesse du Roi.

Ces sentimens, qui sont certainement ceux de la majorité des Electeurs, influeront de la manière la plus honorable sur les opérations du Collége électoral ; car, prenons-y bien garde, l'honneur du Département est intéressé aux choix que nous allons faire. La France a les yeux ouverts sur les Départemens où des élections vont avoir lieu, et elle appréciera la sagacité qu'ils montreront dans cette circonstance. Si nous étions assez malheureux pour nous laisser abuser par les intrigues des ultra-libéraux, si nous donnions nos voix aux candidats qu'ils nous proposent, la France entière s'éleverait contre nous ; elle nous accuserait de manquer de discernement, et nous mettrait au nombre de ces populations faciles à abuser, chez lesquelles les doctrines opposées à l'ordre social ont plus de crédit que l'amour de la Charte, du Roi et de la Monarchie. Mais un motif plus puissant encore dirigera nos choix.

Nous avons de grandes obligations à acquitter en-
vers le Roi, et nous ne voudrions pas encourir le
reproche d'une coupable ingratitude à son égard.
Le restaurateur de nos libertés, non content d'avoir
obtenu l'affranchissement du territoire, le plus grand
des bienfaits pour nous, nous a encore comblés de
ses dons. M. le Préfet nous en a donné le détail
dans sa circulaire du 19 août. Ils se montent, depuis dix-huit mois, à une somme de trois millions
deux cent soixante mille francs, et le Roi vient encore d'accorder au Département un secours de deux
cent mille francs, destiné à satisfaire aux charges
de l'invasion, et de lui faire la remise d'une dette
de deux cent soixante-neuf mille francs. Le meilleur
moyen de témoigner au Roi toute la reconnaissance
que nous lui devons, est de nommer des Députés
qui l'aident, avec franchise et loyauté, à completter
l'œuvre la plus chère à son cœur, celle d'assurer
le bonheur de la France. Le Roi est le meilleur
des Français ; ses lumières égalent son amour pour
son peuple. Il ne peut vouloir que ce qui nous est
bon, desirer que ce qui nous est utile. Il faut que
nos Députés concourent avec lui à rédiger les lois
importantes qui doivent completer l'œuvre de nos
institutions, et il faut qu'ils y concourent avec le
zèle pour le bien public, qui anime le chef
de l'Etat. Des Députés, qui ne porteraient à la

Chambre qu'un aveugle esprit d'opposition , contra-rieraient les pensées bienfaisantes du Monarque, et retarderaient les améliorations que sa sagesse nous prépare. Non, les habitans de la Moselle, renom-més par leur droiture et par leur fidélité, n'useront pas des droits que leur donne cette loi d'élection qu'ils doivent à la persévérante magnanimité du Roi, pour donner leur confiance aux ennemis de son Gouvernement.

J'ajouterai un dernier motif puisé dans l'intérêt du Département: il nous reste encore des réclama-tions à faire au trésor pour des sommes considéra-bles qui peuvent être contestées ; nous avons une Cour royale à conserver ; une diminution dans les impositions directes à obtenir ; d'autres grâces à sol-liciter. Est-il possible de croire que des Députés , nommés dans un esprit d'opposition , eussent beau-coup de crédit auprès du Gouvernement, et suivis-sent, avec succès, nos affaires à Paris ? Non cer-tainement. La *Minerve* s'est emparée de cette idée énoncée par M. le Préfet, dans sa circulaire du 19 août, et elle s'est écriée : le département de la Moselle ne pourra donc rien obtenir, s'il ne prend pas des Députés de la main de M. le Préfet. C'est déplacer la question et supposer une absurdité à laquelle personne ne pense. Il ne s'agit pas de prendre des Députés de la main de M. le Préfet, mais de choisir librement, en notre ame et conscience, des hommes qui ne soient pas opposés au Gouvernement. Car, quelque soit le Gouvernement, ceux qui feront profession de le combattre, seront toujours de mauvais négociateurs pour le Département qui les enverra.

En dernière analyse, honorer le Département par de bons choix ; faire voir que nous sommes étrangers aux partis, et uniquement attachés à la Charte et aux institutions que nous tenons de la sagesse du Roi ; envoyer des mandataires qui connaissent les besoins du Département, et qui aient la volonté et les moyens de nous servir ;

Tel est le but que nous devons nous proposer, et que nous atteindrons.